Markus Baum

Allzu viel ist ungesund
Aberglaube = Über-Glaube

*When you believe in things
that you don't understand,
then you suffer.
Superstition ain't the way.*

Stevie Wonder

Markus Baum

Allzu viel ist ungesund
Aberglaube = Über-Glaube

Bibliografische Information
der Deutschen Nationalbibliothek:
Die Deutsche Nationalbibliothek verzeichnet diese
Publikation in der Deutschen Nationalbibliografie;
detaillierte bibliografische Daten
sind im Internet über http://dnb.dnb.de abrufbar.

TWENTYSIX – Der Self-Publishing-Verlag
Eine Kooperation zwischen der Verlagsgruppe
Random House und BoD – Books on Demand

© 2020 Baum, Markus

Herstellung und Verlag:
BoD – Books on Demand, Norderstedt

ISBN: 978-3-740-76366-4

Inhaltsverzeichnis

1.	Aberglaube – was ist das denn?	S. 7
2.	Ich sehe was, was du nicht siehst (oder ich vermute es zumindest)	S. 9
3.	Ein berechtigter Einwand	S. 15
4.	Der verlockende Wirkmechanismus	S. 18
5.	Spezialfall: Astrologie und Artverwandte	S. 26
6.	Ränder und Unschärfen	
6a.	Wo der Spaß ernst wird	S. 34
6b.	Wo hört das harmlose Brauchtum auf, und wo fängt der Aberglaube an?	S. 36
7.	Biblische Deutung und christliche Haltung	S. 38
8.	Konsequenzen	S. 43
	Literaturverzeichnis	S. 47

1. Aberglaube – was ist das denn?

Eine steile Behauptung gleich zu Beginn: Wir alle waren schon mal abergläubisch. Wir alle – Sie und mich eingeschlossen. Sie und ich, wir teilen womöglich nicht sehr viel mit einander, aber zu dem, was uns eint, gehört: Sie und ich – wir sind zumindest potentiell abergläubisch. So verschieden wir auch sonst sein mögen an Alter, Lebenseinstellung, an Erfahrungen und Werten. Das gesteht sich zwar nicht jede und jeder ein - die einschlägigen Umfragen und Untersuchungen weichen je nach Fragestellung auch deutlich voneinander ab.[1] Aber erstaunlich ist doch, dass Aberglaube in unterschiedlichsten Ausprägungen überhaupt noch eine Rolle spielt in unserer ach so aufgeklärten, modernen, fortschrittsgläubigen Welt. Und was heißt noch: Eine Langzeitstudie des Instituts für Demoskopie Allensbach belegt, dass die *erklärte* Neigung zum Aberglauben seit 1973 stetig wächst,[2] will heißen: Aberglaube wird von zunehmend mehr Menschen nicht verschämt und insgeheim praktiziert, sondern sie stehen ganz offen dazu.

---

[1] Einer Forsa-Untersuchung 2015 zufolge bezeichnen sich zwar nur 30% der Befragten als abergläubisch, aber fast die Hälfte befolgt abergläubische Bräuche. 2014 ergab eine Studie der Wirtschaftsforscher Mayo und Mallin, dass die Vertriebsmitarbeiter von US-Firmen zu 70% abergläubische Rituale praktizieren.
[2] Bei einer Allensbach-Umfrage im Jahr 2000 gaben sich 43% der Befragten als abergläubisch zu erkennen – im Osten und Westen Deutschlands gleichermaßen. 1973 waren es im Westen nur 23%.

Aberglaube – seltsamerweise klingt das zunächst gar nicht besonders aufregend, klingt sogar ein bisschen nach Glaube. Und tatsächlich glauben abergläubische Menschen schon irgendetwas, aber sie glauben jedenfalls nicht das, was – und nicht so, wie Gläubige glauben. Sonst würde es ja abergläu*big* heißen. Heißt es aber nicht. Es heißt ja ausdrücklich abergläu*bisch*. Ich bin Christ, und als solcher bin ich kein Gläu*bisch*er, sondern ein Gläubi*ger*. Allenfalls in Südhessen oder in der Pfalz oder im Saarland kann man das eine und das andere durcheinander bringen von der Aussprache her.

Viel schöner fände ich es natürlich, wenn wir im Deutschen so einen selbsterklärenden, starken Begriff für Aberglauben hätten wie die Engländer: *Superstition*. Das ist zudem ein sprechender Begriff. Das lateinische Präfix *Super* heißt ja nichts anderes als *Über-*. Der Aberglaube ist also kein Trotz- oder Gegenglaube, sondern eine Art Überglaube. Als Abergläubischer glaube ich also eher *zu viel* als zu wenig. *Übertrieben* viel. Und nun ist die Frage: Was glaube ich denn als Abergläubischer? Damit bin ich beim ersten Punkt.

*2. Ich sehe was, was du nicht siehst
(oder ich vermute es zumindest)*

Das kann sich auf ganz Unterschiedliches beziehen. Was also glauben abergläubische Menschen?

- Dinge haben Kräfte oder sind beseelt: Bäume, Felsen, Quellen, Berge, Edelsteine. Und deshalb gibt es in der Vorstellungswelt abergläubischer Menschen zum Beispiel auch heilige Haine, heilige Plätze. Genau wie das Gegenteil: Orte, die man besser meiden sollte. Unheilige, verfluchte Plätze.

- Bestimmte Ereignisse und Dinge können für abergläubische Menschen noch eine weitere Bedeutung haben über das Offensichtliche hinaus: Kometen zum Beispiel. Unwetter. Heulende Hunde. Blitze. Die Geburt von Zwillingen. Ein Muttermal an einer bestimmten Körperstelle, bestimmte Missbildungen. Naturerscheinungen im Garten oder im Feld wie sogenannte Hexenringe oder Kornkreise (sofern letztere nicht von Studierenden in Juxlaune und mit viel schöpferischer Energie erzeugt worden sind). Kombinierte Körpermerkmale wie "grüne Augen und rotes Haar."

- Bestimmten Traumeindrücken messen abergläubische Menschen besondere Bedeutung zu – und bestimmten Begebenheiten, zum Beispiel der schwarzen Katze, die meinen Weg kreuzt von links nach rechts (aber auch nur so).

- Auch scheinbare Kleinigkeiten bekommen für abergläubische Menschen eine zusätzliche Bedeutung beigemessen. So zum Beispiel, wenn jemand stolpert – oder buchstäblich mit dem „falschen Fuß" aufsteht. Wobei ja immer die Frage ist: Welches wäre denn der richtige Fuß? Und warum? Oder wenn einem das Missgeschick passiert, dass ein Spiegel zerbricht. Oder wenn jemand drei Zigaretten mit ein und demselben Streichholz anzündet. Zwischenfrage: Welche Raucher verwenden überhaupt noch Streichhölzer? – Oder wenn jemand Salz verschüttet. Das kann abergläubische Menschen schwer aus der Fassung bringen.

Viele Sitten und Jahrhunderte alte Gebräuche beruhen darauf: Zum Beispiel

- dass man in einem Sterbezimmer die Spiegel verhängt, so als ob so ein Spiegel an der Wand irgendetwas mit dem oder der Verstorbenen zu tun hätte.

- Oder dass man ein Hufeisen über die Tür nagelt – was heute nicht so ganz einfach ist, denn wie kommt man an Hufeisen – zumal gebrauchte, und wie kriegt man den Nagel zum Halten in der Vollwärmeschutzfassade über der Tür?

- Für abergläubische Menschen können auch Zahlen und Namen eine zweite, dritte, vierte Bedeutungsebene bekommen über das Offensichtliche hinaus.

- Angefangen bei vermeintlichen „Glückszahlen" wie der 3, der 7, der 12, der 10 oder dem eigenen Geburtsdatum.

- Genau wie bei vermeintlichen „Unglückszahlen" wie der 13. Die ist zumindest gesellschaftlich und wirtschaftlich wirksam: So sucht man in manchen Hotels die Zimmernummer 13 vergebens, und bei manchen Fluglinien gibt es keinen Sitzplatz 13.

Manche Leute bekommen ein mulmiges Gefühl, wenn in einem Monat der 13. auf einen Freitag fällt, denn an einem Freitag wurde Jesus gekreuzigt – eigentlich zu unserem Glück, aber für ihn war es natürlich nicht angenehm, im Gegenteil: Für ihn war es grausam und tödlich. Und das dann noch kombiniert mit dem 13. im Kalender – das ist für manche zu viel auf einmal.

Dabei ist es wurstegal, ob das kulturell überlieferte Glücks- oder Unglückszahlen sind, oder ob ich mir meine eigenen Favoriten aussuche. Nach dem Motto: „Nicht an einem Freitag, dem 13. habe ich diese lausige Mathearbeit geschrieben, die mir eine Fünf eingetragen und das Zeugnis ruiniert hat, sondern am Mittwoch, dem 17. Ergo: Die 17 bringt mir Unglück." Oder: „An einem 22. habe ich meinen liebsten Schatz kennen gelernt – das kann doch kein Zufall sein!" – und schwuppdich kenne ich meine ganz persönliche, eigene Glückszahl.

Mit den Namen verhält es sich ganz ähnlich. Da waren die Eltern eines Mitschülers so naiv oder so grausam oder beides und haben ihren Sohn „Adolf" genannt. Oder „Kain". Oder, wie das in amerikanischen Western schon mal vorkommt: „Jude" – liebevolle Kurzform von Judas. Sind ja auch schöne Namen. Bloß leider geschichtlich schon ein bisschen besetzt. Kain – der Brudermörder. Judas – der Verräter. Adolf – der verhinderte Kunstmaler und einer der schlimmsten Verbrecher der Menschheitsgeschichte. – Dann braucht man bloß noch auf einen abergläubischen Menschen treffen, und der denkt sich sofort sein Teil.

Der Aberglaube unterstellt auch gern, das Namensverwandtschaft auf Wesensverwandtschaft schließen lässt. Also Obacht bei Namen wie „Krimhild" oder „Kassandra" oder „Sisyphus." Denn wer will seinem Kind schon so einen mythischen Ballast mit auf die Lebensreise geben?

Wir können uns ja alle nicht dagegen schützen, dass wir in unseren Köpfen Vergleiche anstellen. Und dass wir unsere Schlüsse ziehen. Manchmal auch falsche Schlüsse. Oder Kurzschlüsse. Ein Beispiel: Ich war ja auch mal Schüler, ist schon ein paar Jahrzehnte her, und zwischen der 5. und der 9. Klasse hatte ich massive Probleme mit einem Kameraden. Das war sozusagen der Klassenbully. Schon in der 5. Klasse einen Kopf größer als ich, und in der 9. Klasse immer noch. Der Knabe hieß Kirk. Ich verbinde bis heute einige der schlimmsten Demütigungen meines Lebens mit diesem Namen.

Kirk. - Das ist jetzt noch nicht Aberglaube. Das ist menschlich. Es ist auch noch nicht Aberglaube, dass ich bei Menschen mit dem Vornamen Kirk bis heute anfangs etwas unsicher bin. Das ist so. Ich kann mich nicht dagegen wehren.

Problematisch würde es in dem Moment, wo ich mit jemandem bekannt gemacht werde und erfahre: Aha, der Mann heißt Kirk mit Vornamen. Und wenn dann in meinem Kopf das Räderwerk zu rattern beginnt. Von wegen: „Das kann ja heiter werden. Wenn er schon so heißt, dann wird er auch so sein. Nimm dich in acht vor Leuten, die Kirk heißen und einen Kopf größer sind als du. Meide ihre Nähe. Triff Vorkehrungen, dass sie dir nicht zu nah auf die Pelle rücken." – Da wäre dann eine erste Linie überschritten in Richtung Aberglauben. Das ist noch nicht der große Sündenfall, aber die Voraussetzung dafür.

Mal angenommen, mein neuer Bekannter Kirk und ich treffen uns am Freitagnachmittag auf dem Aldi-Parkplatz, und er würde mir die einzig freie Parklücke wegschnappen. Wenn ich jetzt denke oder sage: „Das war ja klar. Die Kirks dieser Welt sind meine natürlichen Feinde. Wo ein Kirk auftritt, gibt es Ärger. Und wer weiß, wie viele verkappte Kirks da draußen noch rumlaufen. Leider tragen ja die meisten Kirks kein Namensschild." – Da wäre es dann passiert. Ich setze in meinem Kopf Kirk gleich mit Unheil und Unglück. Und schließe daraus: Abstand halten, Finger weg. Ohne dass ich diesem einen speziellen Kirk auch nur eine Chance gebe zu beweisen, dass er ganz anders ist. Ein netter Typ. Ein verlässlicher Freund. Ein angenehmer Gesprächspartner. Liebenswert. Eben kein Bully.

Aber jetzt habe ich ja schon mal angefangen mit dem abergläubischen Denken. Da kann ich es dann ja auch weitertreiben. Und das geht dann etwa so: „Ganz im Ernst - ich würde es mir etwas kosten lassen, wenn jemand so etwas wie einen Kirk-Deflektor entwickelt. Oder vielleicht hilft ja auch 'ne Knoblauchzehe – denn wer Kirk heißt, der hat bestimmt auch verlängerte Eckzähne und lebt von Blutspenden. Das würde einiges erklären."

Solche Gedanken mögen dem einen oder der anderen vielleicht krank vorkommen. Aber ich habe ja auch nicht behauptet, dass Aberglauben vernünftig ist und nachvollziehbar.

Ein wichtiges Merkmal von abergläubischem Denken ist ja gerade die unzulässige Vereinfachung. Nach dem Muster: Wer Kirk heißt, bringt mir Unglück. Oder die unzulässige Verallgemeinerung: Ich habe mit einem Kirk schlechte Erfahrungen gemacht, also werde ich vermutlich mit allen Kirks dieser Welt schlechte Erfahrungen machen.

Ein weiteres Merkmal von abergläubischem Denken ist Überaufmerksamkeit. Ich nehme von Dingen Notiz, die sind anderen Leuten völlig egal. Ich sehe Zusammenhänge, oder ich konstruiere welche, wo die meisten anderen keine sehen. Und zwar sehen sie höchstwahrscheinlich deshalb keine Zusammenhänge, weil es tatsächlich keine gibt.

Nun könnte es sein, dass an dieser Stelle der Einwand kommt: „Machen es Gläubige nicht genau so?" Der Einwand ist berechtigt, deshalb werde ich im nächsten Abschnitt genau darauf eingehen.

3. Ein berechtigter Einwand

Ich habe behauptet: Abergläubische Menschen sehen mehr oder vermuten mehr in und hinter den Dingen. Sie messen Gegenständen und Orten und Ereignissen zusätzliche Bedeutung zu – über das Offensichtliche hinaus.

Es würde mich nicht überraschen, wenn darauf der Einwand kommt: „Aber Gläubige machen das doch genauso. Gläubige behaupten von sich ja auch, dass sie eine Antenne haben für Dinge jenseits der alltäglichen Erfahrung. Was machen denn zum Beispiel Christen Anderes? Christen behaupten doch: Gott greift ein ins Weltgeschehen; Gott lenkt einzelne Schicksale, Gott führt, Gott bewahrt; Gott denkt sich etwas dabei, wenn er das und jenes geschehen lässt. Wo ist da der Unterschied?"

Die Frage ist berechtigt. Und sie weist darauf hin, dass Glaube und Aberglaube in mancher Hinsicht zumindest Nachbarn sind. Sie sind zwar *nicht* verwandt. Das nicht. Es gibt gravierende Unterschiede zwischen Glaube und Aberglaube. Darauf werde ich noch zu sprechen kommen. Es verhält sich so: Glaube und Aberglaube sind nicht verwandt, aber benachbart. Es kann von außen betrachtet in mancher Hinsicht recht ähnlich aussehen. Bis hin zu der Art, wie Menschen darüber sprechen.

Ob ich sage: „Heute früh auf dem Weg zur Schule hab ich einen Schornsteinfeger gesehen; der Tag wird bestimmt gut", oder ob ich sage: „Heute morgen stand in den Herrnhuter Losungen Sprüche 2,7: ‚Den Aufrichtigen lässt es Gott gelingen' – dann kann ja nichts mehr schiefgehen" – das wird ein Unbeteiligter, eine Unbeteiligte vermutlich in dieselbe Schublade stecken.

Und trotzdem wage ich eine Antwort auf die Frage. Was ist der Unterschied zwischen Glauben und abergläubischem Denken? Wenn doch sowohl die Gläubigen wie die Abergläubischen damit rechnen, dass es noch andere Dinge zwischen Himmel und Erde gibt als nur das Sichtbare und Greifbare. Was macht den Unterschied aus?

Ich will es mal vorsichtig ausdrücken: Gläubige Menschen sind hoffentlich etwas entspannter. Aberglauben ist anstrengend. Da muss ich mir ständig einen Kopf machen: Was bedeutet das, was ich gerade erlebt habe? Muss mir das zu denken geben? Oder kann ich aufatmen? Muss ich Gegenmaßnahmen einleiten? Ist vielleicht schon alles zu spät? Oder ist alles halb so schlimm?

Die gesteigerte, *übersteigerte* Wahrnehmung und die zugehörige Haltung, die Superstition – die kostet Kraft. Das ist ein bisschen wie beim Betriebssystem Windows 10. Da laufen ja auch ständig irgendwelche Routinen und Prüfprogramme im Hintergrund ab, und das geht zwangsläufig auf Kosten der Rechenleistung.

Der Glaube, und zwar spreche ich hier vom christlichen Glauben – der Glaube ist im Prinzip und hoffentlich auch in der Praxis anders. Im christlichen und übrigens auch schon im jüdischen Glauben geht es um Befreiung von zwanghaften Routinen, da geht es um Befreiung vom ständigen Blick über die Schulter. Es geht um Zuversicht und

Gottvertrauen. Ja, es gibt natürlich rätselhafte Dinge zwischen Himmel und Erde. Ja, es gibt natürlich Kräfte und Mächte und Vorgänge, die können einen schon verunsichern und einem Angst machen. Aber um die kümmert sich Gott. Und das bespreche ich dann auch mit ihm.

Als gläubiger Mensch kann ich in diesem Grundvertrauen leben. Ich kann mich mit dem Handfesten befassen, mit dem, was ich mit meinen fünf Sinnen wahrnehmen kann. Und das Übersinnliche und die zweite und dritte Bedeutungsebene der Dinge, wenn es die denn geben sollte, das alles kann ich getrost Gott überlassen. Und das muss ich bei aller Neugier auch gar nicht so genau wissen und verstehen. Ein paar Dinge auf der Welt dürfen gern rätselhaft bleiben.

4. Der verlockende Wirkmechanismus

Abergläubische Menschen machen das, was sie machen, ja nicht zweckfrei. Sie versprechen sich etwas davon.

Der Mechanismus beim Aberglauben ist genau besehen immer derselbe. Aberglauben funktioniert nach einem ganz einfachen Muster. Und das sieht folgendermaßen aus:

- „Wenn ich *das* tue, dann passiert mir *jenes* nicht."

- „Wenn ich *das* vermeide, dann passiert mir *jenes* nicht."

- „Wenn mir *dieses* widerfährt, dann droht mir *jenes.*"

- „*Dieses* schützt mich vor *jenem.*"

Oder im Nachhinein:

- „Hätte ich *dieses* getan oder *jenes* gelassen, dann wäre mir *das* nicht passiert."

Das Hauptmotiv, das am weitesten verbreitete Motiv beim Aberglauben ist: Ich will *Unglück abwenden.* Ein zweites Motiv geht damit Hand in Hand: Ich will das *Glück erzwingen,* will dem Glück *auf die Sprünge helfen.* Und wie stelle ich das an?

- Zum Beispiel, indem ich einen bestimmten Gegenstand bei mir führe:
  - Einen Amethyst über der Herzgrube.
  - Ein vierblättriges Kleeblatt im Portemonnaie.

- Oder indem ich bei der Klausur einmal mehr den verspeckten Pulli anziehe, mit dem mir auch schon andere Prüfungen gelungen sind. Ob es nun gerade an dem Pulli lag oder nicht.

- Sehr verbreitet ist der Gebrauch von Maskottchen und Talismanen. Wobei das Maskottchen in der Regel figürlicher Art ist, während als Talisman so ziemlich jeder Gegenstand dienen kann, mit dem ich etwas Angenehmes verbinde oder von dem ich mir Kraft oder Schutz erhoffe:

  - Ein Kuscheltier aus der Kindheit.

  - Ein sonderbar geformter Stein, den ich beim Spazierengehen gefunden habe.

  - Ein Schmuckstück in Form eines Glückssymbols – etwa eines Marienkäfers, einer „Lebensblume," eines Ginkoblattes, eines Engelsflügels (so, wie man sich Engelsflügel eben vorstellt).

  - Der Milchzahn des eigenen Kindes oder die Haarlocke eines geliebten Menschen

- Eng verwandt, aber eher auf der Abwehrseite zu finden sind Amulette. Sie sollen z.B. vor dem

„Bösen Blick" schützen, überhaupt vor schädlichen Einflüssen anderer, vermeintlich böswilliger Menschen.

- Bei Muslimen verbreitet ist die sogenannte „Hand der Fatima". Ein Schmuckstück mit fünf stilisierten Fingern und der ebenfalls stilisierten Darstellung eines Auges darauf.

- Das gibt's aber auch auf christlich:

    o Die Christophorus-Plakette am Armaturenbrett im Auto.

    o Der Rosenkranz, der am Innenspiegel baumelt.

Unglück abwehren, dem Glück auf die Sprünge helfen – dem können auch bestimmte Verhaltensweisen dienen:

- Das Kreuz schlagen

- Etwas im Garten vergraben

- Etwas Bestimmtes im Stall oder in der Scheune deponieren – z.B. eine Hostie

- Beim Neubau eines Hauses etwas im Fundament einbetonieren

- Auf Holz klopfen

- Etwas Besonderes essen

- Etwas unter allen Umständen in einer bestimmten Reihenfolge tun, auch wenn es dafür keinen sachlich zwingenden Grund gibt.

- Bei einem Besuch in Rom eine Münze in die Fontana die Trevi werfen.

Anstatt etwas zu tun, kann ich als abergläubischer Mensch auch bewusst etwas unterlassen. Etwas *nicht* tun.

- Bestimmte Dinge oder bestimmte Orte meiden.

- Dem Blick bestimmter Menschen bewusst ausweichen. Einen großen Bogen um sie schlagen.

- Nie unter einer Leiter hindurch gehen (das werden sich freilich auch andere Menschen verkneifen, denn dass eine solche Übung unglücklich ausgehen kann, liegt auf der Hand).

Die Grundsituation abergläubischer Menschen ist zwar nicht immer, aber häufig Unsicherheit. Positiv ausgedrückt: Ich fühle mich besser, wenn ich solche Routinen pflege, solche kleinen Marotten habe, und solange ich anderen Menschen damit nicht auf den Wecker gehe – wem schadet's? Bei vielen äußern sich Ungewissheit und Unsicherheit aber negativ: Das Leben macht mir Angst, ich habe es nicht im Griff, ich bin ja nur ein ganz kleines Licht, auf so vieles habe ich keinen Einfluss. Etwas mehr Kontrolle hätte ich aber schon ganz gern. Und deshalb mache ich so etwas.

Insofern überrascht es auch nicht, dass sich der Aberglaube oft in Lebenssituationen regt, die schon immer mit Unwägbarkeiten behaftet waren. Dingen wie zum Beispiel der Partnerwahl oder dem Kinderkriegen.

Darüber machen sich natürlich Menschen beiderlei Geschlechts Gedanken, aber es fällt schon auf, dass es auf dem Buchmarkt und im Internet ungleich mehr einschlägige Angebote für Frauen und junge Mädchen gibt als Angebote, die sich an Männer oder junge Kerle richten.[3] Da werden dann Fragen verhandelt wie diese:

- Aus welcher Richtung soll Frau den Traummann erwarten, kann sie überhaupt in diesem Jahr mit ihm rechnen, und wenn schließlich einer am Horizont auftaucht: Ist er auch treu?

- Wenn ein Kind unterwegs ist – wie vermeide ich Komplikationen in der Schwangerschaft, Missbildungen, Feuermale?

- Wenn das Kind dann geboren ist: was kann ich

---

[3] 2008 haben sich in einer repräsentativen GfK-Umfrage sehr viel mehr Frauen als Männer als abergläubisch geoutet: 74% zu 51%. 2012 ergab eine Infratest-Umfrage vergleichbare Werte hinsichtlich des Sternenglaubens. Wobei möglicherweise die Frauen nur ehrlicher waren – und die tatsächlichen Werte bei Männern und Frauen ähnlich hoch sind.

oder muss ich alles tun, damit es auch gedeiht und sich prächtig entwickelt und ein ehrlicher Mensch wird?

Es ist durchaus nachvollziehbar, dass Menschen, zumal verantwortungsbewusste Männer und Frauen, das Beste für sich, für ihre Beziehungen, für ihre Kinder wollen. Aber die Frage ist schon, warum so viele dabei auf den Aberglauben setzen.

Im besten Fall habe ich als abergläubischer Mensch keine Ahnung von Gott – sonst wüsste ich es ja besser und müsste nicht Zuflucht nehmen zu abergläubischen Ritualen oder Denkweisen.

Im verschärften Fall habe ich als abergläubischer Mensch zwar keine Ahnung von Gott, aber trotzdem Misstrauen gegenüber Gott. Sonst würde ich mich ja an ihn wenden und mich nicht auf irgendeinen Mystifax verlassen.

Der traurigste Fall – das ist die halbfromme Variante, oder vielleicht sollte ich besser sagen: die Variante der Volksfrömmigkeit. In dieser Variante glaube ich irgendwie schon an Gott, aber so fest dann doch wieder nicht, und man kann ja nie wissen – doppelt und dreifach genäht hält besser. Es handelt sich also um einen schwachen Glauben – so schwach, dass er von Sicherheitsmaßnahmen flankiert werden muss.

In der Bibel gibt es übrigens Beispiele für alle drei Spielarten von Aberglauben. Das krasseste Beispiel steht im 2. Buch der Chronik, und darüber könnte man die Überschrift setzen *Adel schützt vor*

Torheit nicht. Was steht denn da im 2. Buch der Chronik Kapitel 33 Vers 4ff:

„Manasse [...] baute dem ganzen Heer des Himmels Altäre [...] und achtete auf Zeichen und Vogelgeschrei und trieb Zauberei und bestellte Geisterbeschwörer und Zeichendeuter und tat viel, was dem Herrn missfiel."

Zur Erklärung: Manasse war nicht irgendwer, sondern er war immerhin König von Juda und Sohn und Thronerbe des frommen Königs Hiskia. Wir können also annehmen, dass Manasse eine gewisse Ahnung vom Glauben an den Gott Israels hatte. Und trotzdem hat er nichts begriffen. Er achtet auf Zeichen. Er wendet sich an Geisterbeschwörer. Er fragt Zeichendeuter um Rat. Und da haben wir das typische abergläubische Denkmuster:

- „Der Schrei einer Krähe oder eines Käuzchens muss ja wohl irgendetwas bedeuten."

- „Wie der Kaffeesatz aussieht oder wie die Fettaugen auf der Suppe angeordnet sind oder wie die Eingeweide des Karfreitagskarpfens aussehen, das ist doch kein Zufall, das sagt doch bestimmt irgendetwas aus."

Manasse gilt im Judentum als der schlimmste Finger der ganzen Königszeit. Er war für ganz üble Sachen verantwortlich, bis hin zu rituellen Kindermorden (wohlgemerkt an seinen *eigenen* Kindern). Aber das war nur die logische Folge, die letzte Konsequenz. Am Anfang stand der Aberglaube und das schlechte Vorbild, das er damit abgegeben hat. Damit nahm das Verhängnis seinen Lauf. Und darauf weisen die Propheten im Namen Gottes immer wieder hin. Z.B. der Prophet Jesaja, kann man nachlesen in Jesaja 8,19:

„Soll nicht ein Volk seinen Gott befragen? Hin zur Weisung und hin zur Offenbarung!"

Das heißt doch wohl: Gerade die Frommen haben keine Ausrede. Wozu Antworten in irgendwelchen mysteriösen Zeichen suchen, wenn man auch mit Gott direkt reden kann. Gott spricht Klartext. Ich muss nicht irgendetwas in den Kaffeesatz hineindeuten oder in die Wasserwellen oder in die schwarze Katze, die meinen Weg kreuzt. Das ist ja auch viel zu umständlich. Stattdessen kann ich gleich Gott fragen.

Wenn ich immer auf der Suche bin nach dem vierblättrigen Kleeblatt - dann habe ich den Blick überhaupt nicht frei für die Sonne, für das Gänseblümchen, für den Käfer. Dann höre ich das Vogelzwitschern nicht. Dann freue ich mich nicht mehr an dreiblättrigen Kleeblättern, die können nämlich auch schön sein.

Im nächsten Abschnitt lade ich ein zu einem kleinen Gedankenausflug in die Welt der Astrologie und artverwandter Gedankenwelten.

5. Spezialfall: Astrologie und Artverwandte

*Viel Aberglaub man jetzt erdicht
Was künftig man an den Sternen sicht
Ein jeder Narr sich darauf richt'*

Sebastian Brant, „Das Narrenschiff"(1494)

Astrologie ist der Aberglaube, dass Planeten und Sterne unser Leben beeinflussen. Die Astrologie behauptet: Wenn ich den *möglichst genauen Zeitpunkt* meiner Geburt kenne, besser noch den Tag der Zeugung, und am besten auch noch den Zeitpunkt *Ihrer* Geburt - wenn ich das weiß, dann kann ich so ziemlich alles andere in Erfahrung bringen über mich – und über Sie – und über unser Verhältnis zueinander.

Zeitungshoroskope sind Humbug, das dürfte jeder und jedem klar sein. "Echte" Horoskope sind eine Wissenschaft für sich, und sich ein Horoskop stellen lassen – das kann ganz ordentlich ins Geld gehen. Und ist zumeist trotzdem nicht besonders aussagekräftig. Denn es gibt x verschiedene astrologische Schulen. Mit x verschiedenen Ergebnissen zur jeweiligen Konstellation. Wenn ein Horoskop trotzdem mal ins Schwarze trifft, dann liegt das oft weniger an der Stimmigkeit und Wirksamkeit der Berechnungen als vielmehr am psychologischen Gespür des Astrologen.

Die Astrologie und der Sternenglaube verleitet zu abergläubischem Denken nach dem Motto: „Steht der Mond im dritten Haus, bleib daheim und geh nicht aus." Oder: "Nutzen Sie jede geschäftliche Chance, die sich Ihnen heute bietet. Vermeiden sie die Konfrontation mit Steinböcken." Wenn ich mit einem sterngläubigen Menschen ins Gespräch komme, kann es passieren, dass mein Gegenüber plötzlich Sorgenfalten zeigt und sagt: „Wie, Sie sind selber Skorpion und mit einer Skorpion-Frau verheiratet? Sind Sie des Wahnsinns? Das ist die absolute Killer-Kombination."

Astrologie ist ein steinaltes Handwerk, mindestens 5.000 Jahre alt, vielleicht sogar noch älter. Astrologie war immer eine Sache der Gelehrten und hatte schon sehr früh einen wissenschaftlichen Anstrich. Die europäischen Kaiser und Könige haben sich bis in die Renaissance hinein ganz offiziell Hofastrologen gehalten, und viele Potentaten der Gegenwart wollen zumindest sicher gehen, dass ihnen die Sterne nicht ihre Pläne verhageln.

Große Kunst ist geschaffen, große Literatur geschrieben worden über die Hoffnung der Menschen, aus den Sternen etwas über ihr Geschick zu erfahren – und darüber, was passiert, wenn diese Hoffnung scheinbar erfüllt wird – häufiger aber darüber, was passiert, wenn die Hoffnung enttäuscht wird oder wenn die Sterne Menschen zum Narren gehalten haben. Dante Alighieri lässt seinen venezianischen Freund Marco Lombardo in seiner *Göttlichen Komödie* ausrufen: „*Anstoß leihn eurer Regung Sternenmächte. Nicht allen zwar, doch wenn's auch alle wären: Es ward ein Licht euch für das Gut und Schlechte – und Willensfreiheit.*"[4] Das ist der nötige, leider oft vergebliche Appell, bei aller Sinnsuche den Verstand nicht abzuschalten. Selbst ein scharfsichtiger, den exakten Wissenschaften gegenüber aufgeschlossener Denker wie Johann Wolfgang von Goethe hat sich ein genaues Horoskop stellen lassen, und seine Begeisterung für die Sterne und ihren angeblichen Einfluss durchzieht sein gesamtes Werk.

---

[4] Dante, Göttliche Komödie, Fegefeuer XVII,73

Apropos Verstand: Wir sind ja heute alle viel schlauer. In der Gegenwart hat jede und jeder Mensch in der westlichen Welt die Chance, Dutzende Fernsehdokumentationen über das Sonnensystem zu sehen, Hunderte Folgen „Galileo" oder „Wunderwelt Wissen". Von daher müsste uns eigentlich allen klar sein, dass Astrologie Humbug ist. Allein schon deshalb, weil die Sternbilder des Tierkreises am Nachthimmel seit der Antike um etwa 30 Grad weitergewandert sind. Das Sternzeichen, unter dem ich geboren bin, das war gar nicht der Skorpion. Der Aszendent in der Stunde meiner Geburt, das war nicht der Steinbock.

Aber die Menschheit ist ja lernfähig. Und deshalb gibt es heute modernere Konzepte, von denen man seine Entscheidungen und seine Lebensgestaltung abhängig machen kann. Zum Beispiel den Biorhythmus oder den Mondkalender. Die haben den Vorteil: die können heute noch wissenschaftlich daher kommen. Denn es ist ja tatsächlich so: Jedes Lebewesen, jedes Gänseblümchen, jeder Schleimpilz, jedes Eichhörnchen hat wirklich einen Biorhythmus. Auch jeder Mensch. Und dass der Mond einen gewissen Einfluss auf das Weltgeschehen hat, kann man sich zweimal am Tag an den Küsten vor Augen führen – Ebbe und Flut. Man könnte also schon auf die Idee kommen, dass an der Sache mit dem Biorhythmus und mit dem Mond vielleicht doch was dran ist.

Stimmt. Und stimmt andererseits auch wieder nicht. Richtig daran ist: Wir sind als Menschen Warmblüter, wir haben bestimmte biologische Eigenschaften, in jeder und jedem von uns laufen permanent Stoffwechselprozesse ab, von denen manche lichtgesteuert sind und tageszeitabhängig. Deshalb sind wir zum Beispiel nicht immer gleich leistungsfähig, können uns nicht immer gleich gut konzentrieren.

Und nun das große Aber: Die Menschheit hat sich seit Beginn der Kulturgeschichte noch nie mit dem Biorhythmus abgefunden. Seit Jahrtausenden manipulieren wir unsere Stimmungen mit Drogen. Mal aufputschend, mal beruhigend. Mit Kaffee, mit Tee, mit Nikotin, mit Kokablättern, mit Johanniskraut – das alles sind aus der Natur gewonnene Mittel, um dem Biorhythmus ein Schnippchen zu schlagen. Wir können unsere Leistungsfähigkeit verstärken, können unsere Wahrnehmung künstlich schärfen oder, wenn's nötig ist oder Spaß macht, auch mal dämpfen.

Was den Mondkalender angeht: Hunde und Wölfe bellen den Mond an. Menschen nicht, und Baldriantropfen sollen gegen nächtliche Unruhe helfen. Frauen bekommen ihre Periode im Einklang mit den Mondphasen. Aber sie können dank Pille und OB und Vitamindrops trotzdem am Leben teilnehmen wie an anderen Tagen auch.

Seit zweihundert Jahren lebt die Menschheit mit künstlichem Licht, also können wir unseren Tag-Nacht-Rhythmus verändern. Wir müssen nicht unbedingt mit den Hühnern ins Bett. Wir müssen aber auch nicht wegen Vollmond über Dachfirste balancieren. Rollladen runter, künstliche Verdunklung. Dass Vollmond war, merken die meisten erst, wenn er schon wieder am Abnehmen ist.

Ich will gar nicht ausschließen, dass es bei Vollmond aus astronomischen Gründen irgendeine Wirkung aufs vegetative Nervensystem gibt. Vielleicht verstehen wir diese Wirkungen bisher bloß nicht genau. Bei Vollmond steht ja der Mond auf der einen Seite der Erde, und die Sonne genau auf der anderen Seite. Vielleicht heben sich ja irgendwelche Kräfte auf oder sind so auffällig anders als bei Viertel- oder Halbmond. Das ist ja zumindest vorstellbar.

Aber selbst dann ist es ein Unterschied, ob ich sage: „Ach, gestern Nacht war ja Vollmond - kein Wunder, dass ich schlecht geschlafen habe" - oder ob ich sage: „Muss mein Vorstellungsgespräch ausgerechnet am Freitag sein? Da ist doch abnehmender Mond, wie soll ich mich da konzentrieren?"

Letzteres wäre eine selbsterfüllende Prophezeiung. Ich schreibe dem Mond von vornherein einen gewissen Einfluss auf mich zu, eine gewisse Macht über mich. Ich gehe also schon mit einem schlechteren Gefühl in das Vorstellungsgespräch hinein. Und dann bin ich zerstreut und nicht schlagfertig genug und sage mir: Hab ich's doch gewusst, das gibt nix. Statt dass ich den Mond Mond sein lasse und mir sage: Ich hab mich gut vorbereitet. Ich weiß, was ich kann und wie ich mich präsentieren muss. Ich bin genau der Richtige für die ausgeschriebene Stelle. Also wäre das doch gelacht, wenn es nicht klappt.

Kurz und krumm: Die Sterne lügen nicht. Die Sterne sagen aber auch nicht die Wahrheit. Die Sterne sagen gar nichts. Keine Silbe. Sterne sind tote, unbelebte Materie, unendlich weit weg. Ich schaue mir den nächtlichen Sternenhimmel wirklich gerne an. Bin begeistert davon. Ich erwarte aber keine Lebenshilfe von den Sonnen und Planeten da draußen.

Einen Biorhythmus gibt es, und den sollte ich schon ein wenig respektieren - vierzehn Nächte ohne Schlaf, das ist garantiert nicht gesund, und zu welcher Tageszeit ich am besten drauf bin, dafür kann ich schon ein Gespür entwickeln. Aber es wäre völlig albern, wenn ich vom Biorhythmus mein Leben abhängig machen würde.

Was den Mond betrifft, der ist für alles Mögliche gut: Für lauschige Nächte, für stimmungsvolle Fotos. Fürs Wattenmeer und für den gewaltigen Tidenhub in Cornwall. Meinetwegen auch noch für den Kräutergarten. Der Pfefferminztee schmeckt vielleicht wirklich besser, wenn die Blätter bei abnehmendem Mond geerntet worden sind. Aber das war's auch schon. Ich mache mein Leben nicht von den Mondphasen abhängig, und die Pfefferminze ernte ich genau dann, wann immer ich Lust auf frischgebrühten Tee habe.

An der Astrologie und ähnlichen Konzepten kann man *ein* Merkmal des Aberglaubens gut erkennen: Aberglaube geht fast immer einher mit einem verengten Blickwinkel.

Ich fixiere mich bei den Sternen auf ihre Stellung im Augenblick meiner Geburt, auf die Position der Planeten, auf den Aszendenten. Das kann für mich die beherrschende Bedeutung des Nachthimmels werden. So beherrschend, dass ich gar nicht mehr wahrnehme, wie schön, wie großartig das Weltall ist. Oder ich werde durch die Fixierung auf mein Horoskop blind für die Tatsache, dass mir der nächtliche Himmel Auskunft gibt über meinen Platz im Universum. In einem bescheidenen Sonnensystem eher am Rand, noch nicht einmal in der Mitte, nur am Rand der Galaxis – auch nur einer Galaxis unter Millionen anderer Galaxien.

Vor lauter Tierkreis hier und Schicksal da übersehe ich vielleicht das Entscheidende: Gott macht mit mir und mit dieser Welt Geschichte. In diesem abgelegenen Winkel des Universums spielt die Musik. Auf diesem kleinen blauen Planeten. Und Gott führt Regie in dem unvorstellbar gigantischen Himmelstheater über uns.

Im nächsten Abschnitt werde ich der Frage nachgehen: Wie gefährlich ist Aberglaube, wo verläuft die Grenze zu harmlosem Brauchtum, und wo hört der Spaß auf?

6. Ränder, Unschärfen

6a. Wo der Spaß ernst wird

Aberglaube ist zwar nicht gleichbedeutend mit Esoterik und Okkultismus, da würde ich schon noch unterscheiden – aber Aberglauben ist zumindest eng verwandt mit diesen Praktiken und Einstellungen. Die Verwandtschaft des Aberglaubens mit okkultistischem Treiben wird besonders an einer Sache deutlich: In beiden Fällen geht es um das Verborgene. *Okkult* heißt ja nichts anders als verborgen, verdeckt.

Wenn ich das Okkulte sucht, das Verborgene hinter dem Offensichtlichen, dann sehe ich oft den Wald vor lauter Bäumen nicht.

Aberglauben ist nicht nur verwandt zum Okkultismus. Aberglauben ist auch verwandt mit der aktiven Magie. Auch deshalb nehme ich Aberglauben nicht auf die leichte Schulter. Denn: Es ist nur ein kleiner Schritt vom Aberglauben zur aktiven Magie.

Wenn ich denke: „Der oder die will mir schaden", dann komm ich vielleicht auch auf den Gedanken: „Das könnte dagegen helfen."

- Ein Sprüchlein sagen (also eine Art Beschwörung).

- Etwas vergraben. Oder etwas verbrennen.

Das wäre dann eine Art Abwehrzauber. Und der Schritt vom Schaden *abwenden* zum Schaden *zufügen* ist dann auch nicht mehr weit. Mit denselben Mitteln. Mit einem Spruch oder Fluch, also auch wieder einer Beschwörung. Oder mit magischem Handeln – wie beim Abwehrzauber, nur dass es dann zum Schadenzauber wird.

Also: Aberglauben ist zunächst einmal magisches *Denken*, noch nicht magisches *Handeln*. Aber die Grenze vom einen zum andern ist fließend.

Aberglauben ist außerdem eng verbandelt mit Esoterik. Man könnte auch sagen: Aberglauben ist aufwärtskompatibel zur Esoterik. Die meisten Esoteriker sind auch abergläubisch, haben abergläubische Denk- und Handlungsmuster, aber umgekehrt sind längst nicht alle abergläubischen Menschen Esoteriker. Der Alltagsaberglaube braucht zum Beispiel keine ausgeklügelte Chakren-Lehre oder sonstige Glaubenssysteme, muss nichts wissen von der Aura oder den Auren, muss nichts verstehen von Erdstrahlen oder Wasseradern und muss auch keinen Kurs in Hexerei für Anfänger nehmen.

Der Alltagsaberglaube ist also, wenn wir so wollen, die billige Einstiegsvariante. Der Snack, der Kaugummi für zwischendurch. Wer das volle Drei-Gänge-Menü will, der oder die wird natürlich im Supermarkt der Mystik und Esoterik auch fündig. Aber den meisten Menschen ist das zu anstrengend. Die meisten sind mit dem alltäglichen Aberglauben schon gut bedient.

Das wäre jetzt sozusagen der linke Rand. Schauen wir mal auf die andere Seite, hin zum rechten Rand.

6b. Wo hört das harmlose Brauchtum auf, und wo fängt der Aberglaube an?

Was ist noch harmlose Sitte, was ist nur eine schöne Tradition, und was ist bereits Aberglaube? Auch das ist nicht immer leicht zu entscheiden. Da gibt es Unschärfen:

- Das Kuscheltier, das mir meine Freundin geschenkt hat und das auf jede Reise mit muss.

- Reis werfen bei der Hochzeit.

- Das Kreuz über der Tür oder die Mesusa an der Tür – eine Mini-Schriftrolle mit ein paar Versen aus den Fünf Büchern Mose, also aus der Thora.

- Das gewohnheitsmäßige Sich-Bekreuzigen.

- Der Spruch des Zimmermanns beim Richtfest. Oder der Spruch des Paten bei der Schiffstaufe und die Schiffstaufe überhaupt.

- Der Toast, der Trinkspruch auf ein Geburtstagskind oder auf einen Jubilar oder auf ein Hochzeitspaar.

- Der Kuss zu Weihnachten unterm Mistelzweig.

- Die Sternschnuppe am Nachthimmel und der gute Wunsch, den man ihr hinterherschickt.

Solche Zeichen und solche rituellen Handlungen *können* ganz unbemerkt ein Eigenleben bekommen. Müssen aber nicht. Sie *können* eine Allianz mit magischem Denken eingehen. Müssen aber nicht. In vielen Fällen sind sie harmlos; und dann ist der gute Wunsch nicht mehr als ein guter Wunsch, und die Sternschnuppe war nur der Anlass, aber ich stürze mich nicht von der nächsten Brücke, wenn der Wunsch nicht in Erfüllung geht – oder nicht sofort.

Und die frischverheirateten Eheleute fischen vielleicht nach vierzehn Tagen immer noch Reiskörner aus ihrer Garderobe. Aber sie werden hoffentlich schon noch selber etwas dafür tun, dass ihre Ehe gelingt, und werden sich nicht blind drauf verlassen, dass ihnen Wohlstand und Beziehungsglück einfach so in den Schoß fallen.

Also: Bitte nicht alle Bräuche und Traditionen von vornherein unter Generalverdacht stellen. Und bitte kein grundsätzliches Spaßverbot. Gleichzeitig aber auch bitte nicht den Verstand ausschalten. Dann kann eigentlich nicht viel schiefgehen.

Und nun ist es wichtig, dass wir das Phänomen Aberglauben und seine Hintergründe auch einmal von der Bibel her betrachten und geistlich einzuordnen versuchen.

7. Biblische Deutung und christliche Haltung

Ich habe zu Beginn behauptet: Wir alle sind schon mal abergläubisch gewesen. Wir alle sind latent abergläubisch. Wir alle haben das Zeug dazu.

Das ist nicht nur eine theologische Aussage, das ist mittlerweile auch in der psychologischen Forschung ein gut beschriebenes Phänomen. Die Psychologen haben herausgefunden: Wir Menschen sind allesamt chronisch sinnsüchtig. Wir gieren nach Bedeutung und nach Sinn. Wir können sinnfreie, geistlose, ziellose Vorgänge nur schlecht ertragen.

Wir tragen alle die Neigung in uns, den Dingen einen Sinn zuzumessen. Lieber eine abgedrehte Erklärung, lieber eine hanebüchene phantastische Deutung eines Phänomens als gar keine. Und der Unterschied zwischen eher nüchternen Verstandesmenschen und Leuten, die für Aberglauben anfälliger sind, ist vielleicht nur graduell. Aber nicht grundsätzlich. Wenn's drauf ankommt, dann verfallen die Verstandesmenschen, wie ich einer bin, genauso leicht in abergläubische Denkmuster.

Wer's nicht glaubt: In der Zeitschrift P.M. Ausgabe November 2007 wurde ein wissenschaftlicher Versuch dokumentiert. Die Versuchspersonen sollten in einer Abfolge von Ereignissen nach irgendeinem bestimmten Muster suchen. Der Witz an der Sache war: Es gab kein Muster. Die Abfolge der Ereignisse war mit Hilfe eines Zufallsgenerators völlig willkürlich zustande gekommen. Aber das wollte keiner von den Teilnehmern der Studie glauben. Jede und jeder hatte sich einen Reim auf die Sache gemacht. Und einige haben sogar die Wissenschaftler beschimpft. Haben ihnen unterstellt, sie würden aus niederträchtigen Beweggründen nur nicht zugeben, dass es ein Muster gibt.

Wir Menschen sind vernarrt in magische Vorstellungen. Wir glauben an Wunder oder würden es gerne tun. Unser Leben kann bisher ganz belanglos und unspektakulär verlaufen sein, glücklich und erfolgreich oder katastrophal und frustrierend. In jedem Fall hätten wir gerne mehr Einfluss darauf. Wir wünschen uns alle die Zauberformel, den Knopf, den Hebel, um unser Geschick zu steuern. Wir alle würden einer Pechsträhne gern ein Ende machen können. Würden eine glückliche Phase gerne verstetigen. Wir alle fänden es gut, wenn wir das eine oder andere lästige Problem einfach wegzappen könnten.

Wir würden schon gerne Unheil abwenden oder uns kugelfest und unverwundbar machen, wenn wir es denn könnten. Das geht uns Menschen der Neuzeit so, das ging im Prinzip auch schon den Menschen zu biblischen Zeiten so und den Menschen der Vorzeit ebenfalls.

Und nun ist das Faszinierende: Gott hat offensichtlich Verständnis dafür. Er kennt uns, und er hat offensichtlich nichts gegen diese Sehnsucht nach dem Wunder, nach dem Eingreifen höherer Mächte, solange wir die Sehnsucht auf ihn richten.

In der Bibel kann man Fälle entdecken, da hat Gott Menschen für abergläubisches Verhalten getadelt und verurteilt und gestraft. Bei genauerem Hinsehen stellt sich heraus: Da geht es immer um

Menschen aus dem Bundesvolk Israel. Um Leute, die Bescheid wussten. Und da versteht Gott keinen Spaß. Bei den heidnischen Nachbarvölkern Israels macht sich Gott diese Mühe nicht, da begnügt er sich damit, über den Aberglauben zu spotten.

Abergläubisches Denken wird in der Bibel auf die Schippe genommen. Damit geht es schon auf der ersten Seite der Bibel los, im 1. Buch Mose Kapitel 1 in den Versen 14-16: da wird der Himmel entzaubert, da wird der Sternenglaube der alten Sumerer und Babylonier ad absurdum geführt.

Im Buch Jesaja Kapitel 44 lässt Gott durch den Propheten ausrichten (V.25):

„Ich bin der Herr, der alles schafft, der den Himmel ausbreitet allein und die Erde festmacht ohne Gehilfen, der die Zeichen der Wahrsager zunichte macht und die Weissager zu Narren..."

Durch die Propheten lässt Gott *solche* Herrscher loben, die sich an ihn halten und keine Experimente machen. Und am meisten lässt Gott die Könige loben, die die Höhenheiligtümer für irgendwelche Himmelsmächte einreißen und die Kultstätten für regionale Fruchtbarkeitskulte plattmachen.

Die Bibel ist ganz nüchtern im Hinblick auf die prinzipiellen Unwägbarkeiten des menschlichen Lebens. Leben ist lebensgefährlich. Leben ist anstrengend und permanent gefährdet. Krankheit, Unfall, Naturkatastrophen, Streit und Mord und Totschlag, Verarmung, Arbeitslosigkeit, Geschlechter- und Generationenkrieg, Sinnkrisen – das sind alles keine Erfindungen der Neuzeit. Das ist alles auch schon in der Bibel dokumentiert. Aber was wird uns dort empfohlen, was soll uns Abhilfe verschaffen? Natürlich nicht der Aberglaube. Sondern, dreimal dürfen Sie raten: Unbedingtes Gottvertrauen.

Im Neuen Testament bekommt dieser Rat Konturen. Kristallisiert sich in einer Person. In dem Mann aus Nazareth. In Jesus. In dem Mann, von dem Gott auf dem Berg der Verklärung sagt: *„Dies ist mein lieber Sohn, den sollt ihr hören."*

Wie gesagt: Die Autoren der Bibel wussten schon vor 2.000 Jahren, was die Psychologen heute erst wissenschaftlich nachweisen können – dass wir Menschen immer auf Sinnsuche sind. Und deshalb auch immer anfällig bleiben für Aberglauben und magisches Denken.

In den Evangelien fällt kein böses Wort über die Menschen, die zum Beispiel die Nähe von Jesus gesucht haben. Über die Frau, die sich von hinten an Jesus heran schleicht, damit sie zumindest den Saum seines Obergewandes berühren kann. Magisches Denken! Aber hier ist es an der richtigen Stelle. Jesus ist der Wundertäter. In seiner Person krümmt sich die Raumzeit. In Jesus konzentriert sich die Kraft. Da kann man schon sagen: *It's magic!* Und warum kommt uns das zauberhaft vor? Weil Jesus eins ist mit Gott. Jesus hat diese Macht, weil der Allmächtige sein Vater ist.

Wer aberglaubt, glaubt auch irgendetwas. Er oder sie glaubt an die Wirksamkeit von Sprüchen und Zeichenhandlungen und Amuletten und Maskottchen, an Vermeidungsstrategien und an die

Macht der Sterne, an die Aura von bestimmten Orten oder Gegenständen. Ohne Gewähr.

Wer an Jesus glaubt, braucht das alles nicht. Jesus ist so großartig, das reicht für ein ganzes Leben. So sinnlich und so über-sinnlich, das reicht auch für die empfindsamsten Gemüter. Jesus nimmt Sie und mich ernst. Jesus nimmt uns ernst mit unseren Bedürfnissen, auch mit den etwas sonderbaren verschämten Bedürfnissen nach dem Wunderbaren, nach dem Mystischen, nach der heilenden Berührung – da kommt kein Heilstein ran und kein Kräuterelexier und kein Glücksbringer und keine Christophorusplakette. Aber diese Seite des christlichen Glaubens, die bekommt man im Konfirmandenunterricht und in der Christenlehre meistens nicht beigebracht. Schade eigentlich.

Wie hat der Singer-Songwriter Albert Frey gedichtet:

„Nur den Saum deines Gewandes einen Augenblick berührn und die Kraft, die von dir ausgeht, tief in meinem Innern spürn: [...] Jesus, berühre mich, hole mich ab, öffne die Tür für mich, nimm mich an deiner Hand, entführe mich in deine Gegenwart."

Wer so etwas sagt, wer so etwas singt, der oder die trifft einen Ton, bringt eine Saite zum Schwingen, die bei vielen Menschen mit Aberglauben besetzt ist. Aber bei Jesus sind wir mit unseren Wünschen und Sehnsüchten an der richtigen Adresse. Bei Jesus ist kein Über-Glaube erforderlich, bei ihm reicht einfaches Vertrauen.

8. Konsequenzen

Wir haben gefragt, was Aberglauben eigentlich ist. Haben entdeckt: Es geht eher um ein Zuviel an Glauben. Um eine Art Über-Glauben. Da werden in natürliche und alltägliche Dinge tiefere Bedeutungen hineingeheimnist.

Wir haben festgestellt: Es gibt durchaus oberflächliche Ähnlichkeiten zwischen Glauben und Aberglauben. Aber bei näherem Hinsehen doch gravierende Unterschiede. Beim Aberglauben geht es um *Unsicherheit*. Um das Gefühl: ich hab die Dinge nicht im Griff. Und um den Wunsch, daran etwas zu ändern. Selbst etwas daran drehen zu können. Beim Glauben geht es um *Befreiung. Entlastung.* Aberglauben ist anstrengend - Glauben entspannt.

Wir haben festgestellt: Das Grundmotiv des Aberglaubens ist die Abwehr von Unglück, gepaart mit dem Beschwören oder Erzwingen von Glück.

Wir haben uns kurz mit dem fließenden Übergang von Aberglauben zu magischem oder okkultem Handeln befasst und mit der ebenso schwammigen Grenzzone zwischen harmlosen Bräuchen und handfestem Aberglauben.

Und schließlich haben wir uns mit der biblischen Einschätzung von Aberglauben und abergläubischem Denken beschäftigt. Haben festgestellt: Gott ist einerseits sehr strikt, was abergläubisches Verhalten angeht. Andererseits begegnet uns Gott in Jesus Christus überraschend barmherzig und dreht uns nicht aus jedem abergläubischen Gedanken gleich einen Strick. Gott geht sogar auf unsere Sehnsüchte und Wünsche ein. Er fordert eigentlich nur eines von uns: wir sollen ihm ausnahmslos und bedingungslos vertrauen. Und das verträgt sich eben nicht damit, dass wir weiter an die Kraft von Heilsteinen und von Beschwörungsformeln und Maskottchen glauben. Bei einer Entscheidung für Gott sind entsprechende Konsequenzen fällig. Gott ist da ziemlich eifersüchtig und kann richtig streng werden, und das kann man ihm eigentlich auch nicht verdenken.

Was fangen wir damit jetzt an?

Vier Vorschläge:

- **Selbstcheck**. Jede und jeder kann sich in einer stillen Stunde einmal selbst unter die Lupe nehmen. Kann die eigenen Denkmuster, das eigene Verhalten überprüfen. Kann sein, dass Sie dabei auf das eine oder andere abergläubische Muster stoßen. Und da heißt es dann: Bye-bye. Abstellen. Sich bewusst vornehmen: ich bringe mein Problem oder meine Wünsche oder meine Befürchtungen am besten gleich zu Gott. Ich trage sie direkt dem Meister vor. Der soll sich darum kümmern. Er wird mich vielleicht nicht ganz aus der Verantwortung entlassen, aber auch nicht überfordern.

- **Aberglauben nicht unterstützen**. Wo Sie darauf stoßen, kann ich nur empfehlen: spenden Sie dem Aberglauben und verwandten Formen von Selbstüberlistung keinen Applaus. Freunden gegenüber können Sie zum Beispiel deutlich machen: Ich kann dich nicht hindern, aber ich mache nicht mit. Du kennst ja meine Einstellung. (Z.B. beim Bleigießen in der Silvesternacht – die Zutaten dazu sind mittlerweile ohnehin aus Gesundheitsgründen nicht mehr im Handel). Wer im Freundes- oder Bekanntenkreis mit abergläubischen Riten oder Spielchen konfrontiert wird, kann sich genötigt sehen, anderen zu signalisieren: Ich kann dich – oder ich kann Sie - nicht hindern. Aber bitte nicht jetzt. Und bitte nicht hier. Ich erkläre auch gern, warum.

- **Sensibel werden für das Geschäft mit dem Aberglauben**. Rings um den Aberglauben gibt es einen riesigen Markt. Viele Firmen leben von der Herstellung von Heilsteinen, Amuletten, Glücksbringern, Motivkarten, Aufklebern, Spielen, Utensilien für Silvesterbräuche, Accessoires und Modeschmuck mit Glücksmotiven. Zigtausend Webseiten preisen irgendetwas an – Kurse, Seminare, Bücher. Auch Reiseveranstalter und Wellnesscenter bedienen den Markt des Aberglaubens. Solche Angebote gilt es zu enttarnen und zunächst sich selbst, daneben aber auch gutgläubigen Mitmenschen klar zu machen: Hier geht es vor allem ums Geschäft und eben nicht um Lebenshilfe!

- **Aberglauben im Alltag nach Möglichkeit nicht polemisch, sondern sachlich begegnen**. Niemand muss sich heutzutage aufführen wie die Inquisition im Mittelalter. Das geht schon deshalb nicht, weil ja grundsätzlich alle Menschen, auch Sie und ich, für abergläubisches Denken empfänglich sind. Schon deshalb ist ein barmherziger Umgang mit abergläubischen Menschen angezeigt. Sie haben aufrichtiges Interesse verdient. Sie geben auf Nachfrage bestimmt auch Auskunft darüber, was sie sich von ihrem Verhalten versprechen und welche Erfahrungen sie damit machen. Und vielleicht sind sie dann auch neugierig, was Sie und mich bewegt, was Ihr und mein Leben bestimmt. Im besten Fall erkennen sie den Unterschied zwischen Aberglauben und Glauben, erkennen, wie viel Kraft der Aberglaube kostet - und wie viel Kraft der Glaube verleiht.

Allzu viel ist ungesund – auch allzu viel Glaube, Über-Glaube, Aberglaube. Einfach glauben reicht. Wie das geht, hat Jesus vorgemacht – dazu leitet er an, dazu lädt er ein.

Literaturverzeichnis

Augner, Christoph, Seele auf Sinnsuche. Für eine Psychologie, die unserem Leben wieder Halt gibt. Patmos, Mannheim 2016
Funkschmidt, K./**Schröder,** A., „Aberglaube," in: ELThG², SCM R. Brockhaus, Holzgerlingen 2017, S. 26f
Gesellschaft für Konsumforschung, Weiblicher Aberglaube: Frauen sind deutlich abergläubischer als Männer, in: *Apotheken Umschau* 2008
Hemminger, H./**Kick,** A., Geister, Mächte, Engel, Dämonen. Zum christlichen Umgang mit dem modernen Okkultismus, EZW-Texte 171, Berlin 2003
Institut für Demoskopie Allensbach (Hg.), Von Schornsteinfegern und schwarzen Katzen. Immer mehr Menschen sind abergläubisch, in: *Allensbacher Berichte* 25/2000
Lukas, Elisabeth, Sehnsucht nach Sinn. Profil, München 2003
Mayo, Michael/**Mallin,** Michael L., „Antecedents and Anticipated Consequences of Salesperson Superstitious Behaviour," in: *Journal of Business & Industrial Marketing,* 29/2014 (3), S. 227-237
Pontes, Ulrich, Aberglaube: Das psychologische Alltags-Vodoo, auf *evangelisch.de*, 13.8.2010

Weitere Bücher und Schriften des Autors:

Jochen Klepper, Neufeld Verlag Schwarzenfeld 2011,
ISBN 978-3-86256-014-1

Eberhard Arnold – ein Leben im Geist der Bergpredigt,
Neufeld Verlag Schwarzenfeld 2013,
ISBN 978-3-86256-035-6

Gott und Google – der kleine, feine Unterschied,
TWENTYSIX 2016, ISBN 978-3-740-71148-1

Das Böse – der Feind, den wir nicht lieben müssen,
TWENTYSIX 2017, ISBN 978-3-740-72591-1

XUND – Heil und Heilung aus christlicher Sicht,
TWENTYSIX 2018, ISBN 978-3-740-73556-2

Alle Titel erhältlich im Druck und als E-Book.